AF359607

LA
NOUVELLE GRENADE

ET

LES ANCIENNES COLONIES ESPAGNOLES

DE L'AMÉRIQUE DU SUD

APERÇU

SUR LEUR SITUATION ACTUELLE & LEUR AVENIR INDUSTRIELS

1872-1875

PAR F. ROLLAND

Ingénieur civil

ancien élève de l'École centrale des Arts et Manufactures

AVIGNON. TYPO.-LITHOGRAPHIE

A. ROUX

Rue Bouquerie, 7, près la Préfecture.

1875

LA NOUVELLE GRENADE

I

DE PARIS A BOGOTA.

Un séjour de deux ans dans la Nouvelle-Grenade, où m'appelait la création d'une usine de produits chimiques, m'a permis de recueillir sur les richesses de cette région encore inexploitée de l'Amérique du Sud, des renseignements précieux. Je les publie aujourd'hui.

Avant d'aborder le sujet principal de ce travail, je crois, sans pourtant vouloir écrire un roman de voyages, devoir donner quelques détails sur mon itinéraire. Puissé-je éviter ainsi, à ceux de mes lecteurs que les hasards de la vie, ou les besoins de la profession appelleraient en Colombie, les difficultés que j'ai traversées pour atteindre le but de mon voyage; difficultés dues surtout à l'impossibilité où j'ai été avant mon départ, de me procurer des notions certaines sur les pays que j'allais habiter.

Je me dispenserai de dire mon départ de St-Nazaire, les émotions, les distractions et les ennuis que peut offrir pendant une traversée de vingt jours, un paquebot transatlantique. J'arriverai de suite à *Savanillà* ; où commençait vraiment pour moi l'inconnu.

Santa-Marta, était, il y a trois ans encore le point de débarquement dans la Nouvelle-Grenade. Pour gagner *Baranquillà*, port d'attache des Steamboats du Rio Magdalena, seule voie de communication avec l'intérieur, il fallait traverser en canots les marais fiévreux et infestés de moustiques, qui encombrent l'estuaire du fleuve. Le voyage était pittoresque, mais lent, pénible, et non moins dangereux pour les voyageurs que pour les marchandises.

Pour l'éviter, une compagnie Allemande a relié par un chemin de fer plus que primitif, *Baranquillà* à un point de la côte près du hameau de *Savanillà*, devenu le nouveau port.

C'est en face du phare de Savanillà, que le transatlantique jette l'ancre à deux milles au large. Un chaland à vapeur doit nous débarquer. Il arrive six heures après, et nous laisse sur le rivage à la tombée de la nuit. Jusqu'au lendemain matin, onze heures, nous attendons sans abri, le train « EXPRESS.» qui nous emmènera. Après un voyage de deux heures, pendant lequel nous nous arrêtons trois fois pour faire le bois nécessaire au chauffage de la machine ; voici enfin *Baranquillà*.

Baranquillà située sur le bord du *Rio-Magdalena*, est une ville de deux à trois mille habitants, à maisons régulières, d'un seul étage, couvertes en chaume. Elle n'offre rien de remarquable. Aussi vois-je arriver sans regrets, le jour du départ du Steamboat pour *Honda*.

Les Steamboats du Magdalena, appartiennent à trois compagnies rivales, deux indigènes, et une allemande, qui possède les plus beaux bateaux. Tous sont construits sur le même plan, avec plus ou moins de luxe. Ils sont à deux étages.

Immédiatement au-dessus' de la cale se trouvent les chaudières et la machine. Tout autour, le bois qui sert à alimenter le foyer. La machine est du système le plus simple, à deux bielles indépendantes agissant sur la roue unique placée à l'arrière.

Au premier étage, sont les voyageurs abrités du soleil ardent par un toit en zinc que surmonte une cabine renfermant le gouvernail et les pilotes. Les bateaux dernièrement construits ont seuls des cabines et un salon. Le nôtre n'en avait pas. Chaque voyageur doit apporter avec lui sa literie, savoir une natte de jonc et une moustiquaire. Le bord fournit des pliants.

A peine arrivé à bord, chacun se précipite. On se dispute un pliant. (Il y en a six, nous sommes quarante!) C'est que le soir venu, l'heureux possesseur d'un pliant, peut le placer où il veut, l'emprisonner sous sa moustiquaire et peut-être dormir. Le voyageur moins heureux, s'étend où il peut sur le pont, et dort si les moustiques le lui permettent.

La nourriture se prend en commun. Les plats sont servis tous ensemble sur la table, un quart d'heure avant le signal du repas, et chacun puise à même, mélant dans la même assiette les dix ou douze mets qui composent le menu. Pour boisson unique, l'eau du fleuve.

Le fonds de la cuisine est bien simple. Bananes, viande séchée au soleil, et œufs plus ou moins frais. La banane rôtie, bouillie, frîte, crue, en confitures, à toutes sauces enfin ; fait la plus précieuse ressource du pays. D'autant mieux qu'elle n'exige pas de culture ; ce qui convient fort à l'indolence de l'habitant de terre chaude.

La journée se passe à admirer. L'ennui n'a pas le temps de nous gagner, chassé qu'il est par le magique spectacle, qui se déroule devant nous. Rien ne saurait donner une idée de la magnificence du paysage. Les forêts vierges qui bordent les deux rives du fleuve, lui font deux murs de verdure que nous remontons lentement. Nous effrayons en passant une multitude d'oiseaux aux couleurs éclatantes, aras, toucans; qui s'enfuient en criant. Les singes, nous regardent passer du haut des arbres, sans interrompre leur jeux, et nous n'effarouchons même pas un jaguar qui boit au bord de l'eau. Des bandes de Caïmans bâillent au soleil, sur les nombreux bancs de sable qui obstruent le cours du fleuve, et daignent à peine plonger paresseusement, quand une balle de nos fusils vient troubler leur quiétude.

Le merveilleux spectacle pour moi, habitué aux mesquines forêts de France !

Aussi, quelle joie, quand pour renouveler la provision de bois qui s'épuise, le bateau fait escale sur un point de la rive, où des bûcherons en ont entassé. Avec quel empressement je descends fouler cette terre in-

conue, contempler les arbres géants que les lianes en-
lacent de leur mille replis capricieux, les cocotiers
élancés, les bananiers aux larges feuilles, les bambous,
cylindres énormes. Que je comprends alors l'enthousiasme des voyageurs pour la nature tropicale !

Trois fois par jour, la provision de bois est renouve-
lée. Il n'est pas rare qu'avec elle, on embarque quelque énorme tarentule, quelque scorpion monstrueux ou
un serpent souvent dangereux. Le soir nous nous amar-
rons à un arbre quelconque du rivage. Nous ne voya-
geons pas de nuit.

Pendant une navigation de vingt jours (1) sur le
fleuve rapide, que la nature semble avoir créé comme
une grande artère pour l'écoulement des produits du
pays ; à peine, de place en place, apercevons-nous quelque misérable hutte de nègres, construite en bambou,
et couverte en feuilles de bananier. Dans quatre ou
cinq villages, nous renouvelons nos provisions de bou-
che. On nous apporte mille fruits délicieux : noix
de coco, ananas ; et tant d'autres inconnus dans notre
Europe ; tel la *Chirimoya* dont la pulpe savoureuse ferait les délices de nos plus fins gourmets. Nous vi-
sitons ainsi Nare, Mompos, Maganghé, siége d'une foire
annnuelle importante, et Conejo ; enfin, nous atteignons
Honda terme de notre navigation.

Il y a dix ou douze ans, le service des Steamboats

---

(1) Le voyage à la descente ne dure vu la vitesse du courant que quatre ou cinq jours au plus.

n'était pas encore organisé, on remontait le fleuve en *champan*. Le champan, est ue grande barque non pontée, offrant à l'avant un abri grossier, recouvert en feuilles de bananiers. Les dix ou douze bateliers qui le montent, côtoient les berges du fleuve, et poussent avec des perches; criant, hurlant, s'arrêtant de temps à autre pour se plonger tout ruisselants dans le fleuve et recommencer encore. Le voyage durait sous une température tropicale trois et quelquefois quatre mois de Baranquillà à Conejo. A Conejo, la navigation était interrompue; on gagnait à cheval Honda. Aujourd'hui encore les Steamboats ont la plus grande peine pour franchir le rapide que cause un peu au-dessus de Conéjo la jonction du Magdalena et de son affluent le Guarino. De nombreux vestiges de bateaux qui ont sauté sur ce point, témoignent de la difficulté de cette passe.

Honda, fut au temps des Espagnols, une ville importante et fortifiée. Elle sert d'entrepôt au commerce du haut Magdalena. Une barre de rochers interrompt juste en face de la ville, la navigation du fleuve; formant des rapides puissants, où le fleuve se précipite d'une hauteur de quatorze mètres sur une longueur de quatorze cents. Le congrès, dans une de ses dernières sessions, a voté un crédit pour l'ouverture d'un chenal à travers ces rapides. Les steamboats pourraient ainsi remonter le fleuve toujours large et profond ; et desservir les villes importantes de Médina, Ambalema, etc ; du haut Magdalena.

Honda, est située à 210 mètres d'altitude seulement et à 1000 k. de la côte. Le tremblement de terre de 1826, l'ayant presque complètement détruite, une cité de moindre importance s'est élevée de ses ruines. Elle est bâtie sur la rive gauche du fleuve. Sur la rive droite et un peu plus bas, est la *bodega*, ou entrepôt des marchandises de ou pour Bogotà. On ne peut communiquer d'une rive à l'autre que par le moyen de *canoas*. Les canoas, sont des pirogues creusées dans un tronc d'arbre d'une seule pièce, et qui ne demandent qu'à chavirer. Un bac à traille établi dans ces dernières années au dessus des rapides, est sujet à de nombreux accidents.

C'est à la Bodega, que s'arrêtent les steamboats. et qu'ils déposent leur chargement. Les Compagnies de navigation, n'étant pas responsables des avaries. on peut se figurer avec quels soins se fait le débarquement des marchandises.

Au milieu des mules prêtes à charger, j'en choisis trois pour mes compagnons de voyage et moi. Ce n'est pas sans crier, tempêter, que je parviens à faire entendre mon mauvais espagnol de gens qui font la sourde oreille et préfèrent rançonner le « forastero, » l'étranger.

Enfin, tant bien que mal, nous voici sur le camino real de Bogotà.

Quel chemin, mon Dieu, et que seront les autres si celui-là est le chemin royal.

J'avais bien ri d'abord quand je m'étais vu offrir d'énormes sabots en cuivre pour étriers, et d'immenses *samaros* (pantalons en caoutchouc) pour compléter avec la *roanne*, (couverture au milieu de laquelle est pratiquée une ouverture pour la tête) mon accoutrement de cavalier.

J'en comprends maintenant l'utilité. A chaque instant je crains de voir mes étriers se briser contre les rocs que je heurte en passant et les samaros protègent mes genoux des ronces, et de la pluie battante qui m'assaille.

Sur la route sont deux villages, qui marquent en quelque sorte les étapes : *Guaduas et Billetta*. Dans ce dernier, on me fait remarquer un arbre gigantesque qui orne la place. Mon admiration est un peu tempérée par l'aspect d'un certain nombre de goitreux et de lépreux, qui viennent mendier un cuartillo.

Enfin, après trois jours d'exercices de voltige j'arrive sain et sauf, mais moulu, exténué, transi de froid, à *Facativà*. Transi de froid, après avoir traversé depuis la Martinique une véritable fournaise ! C'est que à Billeta, nous avons quitté la *tierra caliente* (terre chaude) proprement dite, pour gravir en traversant la tierra templada (tempérée) ; les pentes raides au sommet desquelles se trouve le haut plateau (la savane) dont Bogotà occupe le centre à 2,800 mètre d'altitude. A Facativà ; commence la tierra frìa (terre froide), (1) à l'entrée du plateau. A travers cette plaine, de forme ellitique, dont le grand axe a une quinzaine de lieues de longueur, et le petit sept à huit lieues, on a, profitant

---

(1) Ces qualifications n'ont rien que de relatif ; sauf les cimes élevées, la température de terre froide serait pour nous, plus que tempérée.

de l'horizontalité du terrain, pratiqué une route charretière, qui joint Facatativà à Bogotà et Zipaquirà. Une
voiture nous emporte à travers la plaine dépouillée
d'arbres. On se croirait dans une de nos plus grasses
campagnes de Normandie, à voir les champs de blé,
d'orge, de pomme de terre, les potreros (pâturages) où
paîssent des milliers de bœufs et de chevaux. En 5
heures, nous arrivons à Bogotà.

Bogotà, autrefois Santa-fé de Bogotà est située au
pied de deux sommets séparés par le torrent du même
nom. (1)

Elle fut fondée en 1538 par le conquistador Gonzalo
Jimenez de Quesada, sur l'emplacement de la maison
de campagne du cacique Bacatà ; dit une inscription
placée dans la maison municipale. C'est une ville Espagnole. Les maisons sont généralement à rez-de-chaus-
sée seulement, bâties en pisé et couvertes en tuiles.
Les appartements sont rangés autour d'une cour inté-
rieure. Les rues, sont larges, pavées. Un ruisseau en
occupe l'axe pour l'écoulement des eaux de pluie.
Elles se recoupent toutes à angle droit formant des
îles, rectangulaires ou carrées. La pente en est très-

---

(1) Ce torrent appelé aussi Rio de Funza va à quelques kilomètres de là,
se précipiter d'une hauteur de 170 mètres, c'est le salto de Tequendamah!
Le pont naturel de Pandi, situé à quelques lieues de Bogotà, au dessus
d'un précipice effroyable, est une autre merveille de la nature. Ce qui
fait la beauté du spectacle au salto de Taquendamah, c'est que l'on voit
du même point, les végétations différentes des trois zônes qui partagent le
pays, terre froide, tempérée et chaude : au-dessus, autour de soi, et au
fond de ce gouffre de 200 mètres de profondeur.

forte. La grande rue dite Calle Real, est bordée par des tiendas ou magasins, dont le loyer est fort élevé. De même dans la calle de Florian, habitée en majeure partie par des négociants français. Dans les autres rues, les façades sont occupées par les fenêtres en saillie des salons, grillées à l'Espagnole. Des fontaines nombreuses fournissent une eau d'excellente qualité.

Les seuls monuments remarquables sont, à part une médiocre statue de Bolivar ; des églises, dont la plus belle est la cathédrale, sur la plaza Bolivar. Elle est bâtie en pierres de taille, dans ce style bâtard que l'on pourrait appeler le style des jésuites, tant se ressemblent tous les édifices construits par cet ordre religieux. Perpendiculairement à la cathédrale, le général Mosquera avait fait commencer sous la direction du français Poncet, (1) les travaux d'un capitole ou palais du gouvernement. Interrompus aux fondations, par la révolution qui renversa Mosquera ; ils ont été repris en 1872 par le président Murillo, et sont assez avancés aujourd'hui. Le nouveau plan, dû à l'Anglais Mr Bunsch, est matériel et fort disgrâcieux.

L'observatoire de Bogotà, malheureusement mal outillé, est le plus élevé du globe.

L'instruction est fort répandue. Outre les écoles primaires et des collèges nombreux, Bogotà possède une université. Une école d'arts et métiers est en for-

---

(1) Ancien élève de l'école centrale.

mation, qui répandra, il faut l'espérer, le goût de l'industrie chez les Neo-Grenadins. Les familles riches, envoient en Europe leurs fils, pour y compléter leur éducation. Ils en reviennent, en général, enchantés des merveilles de notre civilisation. Mais j'ignore pourquoi, tous ou presque tous n'en laissent pas moins leur pays dans l'ornière. Parmi les exceptions à cette règle, je citerai le digne et excellent docteur Sarmiento, l'homme sans contredit le plus éclairé, et le plus avancé de son pays.

Les Colombiens aiment fort la France. Ils nous préfèrent pourtant les Anglais et les nord Américains. L'Allemand qu'ils détestent, ne s'en glisse pas moins partout chez eux, jusque dans la direction de leurs écoles. Ils sont en général d'un abord aimable et poli.

Il est peu de Bogotano riche qui n'ait sa tienda, où il vend un peu de tout. Le principal objet de trafic est l'indienne Anglaise. Mais, dans un même magasin, on trouve la parfumerie et l'article de Paris, les vins de France et d'Espagne, la coutellerie américaine, les sacs de café et de cacao, etc. etc.

J'arrêterai là ces détails forcément incomplets, renvoyant pour plus de renseignements sur le pays, aux ouvrages du docteur Samper (histoire de l'indépendance de Colombie) ; au voyage du marquis de Gabriac, ouvrage plus satyrique que sérieux, mais où l'itinéraire et ses misères sont parfaitement indiqués ; et surtout à l'immortel « Voyage aux régions équinoxiales » de Humboldt et Bompland.

II

DE L'INDUSTRIE DU PAYS ET DE SON AVENIR

Il semble que la nature se soit plue à accumuler dans la Cordillière des Andes, tous ces matériaux précieux, dont l'utilisation a excité l'intelligence de l'homme au point de l'amener aux merveilles de l'industrie moderne.

A chaque pas, pour ainsi dire, le voyageur foule un minerai nouveau. Ici c'est le charbon, en couches d'une colossale puissance, là, le fer se dénonce par la couleur des terres, à côté la galène, le plus souvent argentifère ; puis, le cuivre, le zinc, l'étain, l'or, les pierres précieuses ; et tous, en gisements si importants, que l'on ne saurait s'en faire une idée. Et pourtant, le Colombien reste inactif. Insoucieux, il foule ces richesses sans songer à en tirer parti. Et la vieille Europe qui s'épuise, n'a pas encore jeté sur ce pays ses vaillants pionniers, pour le féconder de leur activité.

A quoi attribuer cette inertie ? A une seule cause, l'absence presque complète de moyens de communication ; un des plus déplorables résultats des guerres intestines qui ont toujours ensanglanté la Colombie.

Lorsque entraînés par le Conquistador Quesada, les Espagnols envahirent le pays par le Carare ; ils dûrent pour leur sécurité, suivre les crêtes élevées; d'où, dominant les plaînes, ils pouvaient prévoir les attaques des Indiens.

Que leur importait à eux, la facilité des communications? Poussés par le fanatisme, la soif de l'or et la rage des conquêtes, ils allaient, infatigables.

Il faut avoir parcouru ces pays, où derrière chaque montagne que vous gravissez, vous croyant au bout de vos peines ; s'en dresse une plus élevée ; il faut avoir passé en moins d'une journée, par les alternatives d'une température sénégalienne à un froid intense ; enduré le soleil de plomb des terres chaudes et leurs pluies diluviennes ; pour se faire une juste idée de ce que durent traverser de misères ces conquérants ; marchant à l'aventure, demandant leur nourriture à des fruits inconnus, sans communications avec la patrie, sans espoir de retour en arrière.

La température douce, le printemps éternel qui règne sur ces hauts plateaux de Bogota, dut nécessairement les séduire. La ressemblance de ce pays avec le leur, ressemblance qui poussa Quesada à l'appeler la Nouvelle Grenade, les décida à s'y établir. Longtemps après leur établissement, ils eurent à repousser les attaques des Aborigènes. Ils se gardèrent bien d'améliorer les routes, dont la difficulté créait un obstacle de plus à l'assaillant. Au reste, à quos bon ? Le pays ne fournissait-il pas le nécessaire à ce soldats ? Du commerce, ils n'en faisaient pas. D'industrie, ils n'avaient que la fabrication de la poudre pour pousser plus avant leur conquête.

Quand plus tranquilles par l'extermination des premiers occupants du sol; riches de leurs rapines sur les Indiens; ils voulurent en employer le fruit à satis faire leur luxe ; ils ne s'inquiétèrent pas du prix auquel la mère patrie satisfit à leurs nouveaux besoins. Les choses restèrent en l'état.

Un jour, Bolivar leva le drapeau de l'indépendance. La révolte fut si soudaine, si spontanée, si imprévue ; que le peu de forces que maintenait là l'Espagne, dût plier écrasé. Et alors, l'obstacle que l'Espagnol avait opposé à l'Indien, se dressa aussi devant lui. La difficulté des routes, empêcha l'envoi des renforts. Les cruautés des Morillo, pûrent s'exercer dans la plaine, le cœur du pays était inexpugnable ; la petite armée des insurgés, insaisissable. Chaque jour amenait une défaite nouvelle pour l'Espagne. Elle dût renoncer à faire exterminer ses soldats dans ces montagnes où un homme peut en arrêter une foule, et que défendaient les Sucre, les Santander, les Paez, les Bolivar. Lisez dans l'ouvrage de Samper cette épopée, où les froides cruautés des Espagnols, répondent seules aux faits d'armes des héros de l'indépendance, cette lutte sublime d'un côté, atroce de l'autre, qui en trois ans déposséda l'Espagne de ses plus belles colonies.

Hélas! l'indépendance conquise, l'ingratitude vint remplacer l'enthousiasme pour le libérateur. Bolivar mourut pauvre et seul, jetant un adieu amer à ses oublieux compatriotes. Les luttes intestines déchirè-

rent la République. Elle se morcela. Le Venezuela,
la Bolivie, l'Equateur se séparèrent de la Colombie,
qui, réduite à neuf Etats devint la Nouvelle Grenade.
Et dans la confédération nouvelle, la guerre civile
continua. Au lieu de porter tous ses soins aux travaux
de la paix, cette république dans l'enfance se livra aux
mains de généraux avides. Chaque jour vit éclater une
révolution nouvelle. Les finances s'épuisaient à soute-
nir la lutte, à enrichir les partis qui se succédaient
au pouvoir. L'industrie, fille de la paix, ne pouvait
naître; les fonds manquaient pour les améliorations que
réclamait le pays.

Depuis dix ans le calme règne à peu près, troublé
pourtant de temps à autre, par quelque pronuncia-
miento isolé. Le pays commence à renaître. Mais
dix ans de calme n'ont pu suffire à rétablir l'équilibre
du budget, à exécuter les travaux nécessaires, et dont
l'urgence était pourtant bien reconnue.

Sous la présidence de Mosquera, l'illustre général
comprenant la nécessité d'une voie de communication
pour ce pays situé à deux cents lieues dans les terres,
et dont certains points sont à plus de quatre mille
mètres d'altitude; chargea Poncet d'étudier une route.
Poncet conçut un projet qui restera comme un
modèle. (1) Une révolution renversa Mosquera, et le
projet rentra dans les cartons. La route de la Savane
resta seule praticable.

Aujourd'hui de nouveaux tracés ont été étudiés, la

(1. La pente maxima dans ce projet est de 5 0/0.

3

route de la Savane doit être prolongée, mais quand ?
Une compagnie anglaise a obtenu la concession d'un
chemin de fer. Mais un chemin de fer est-il possible,
qui n'a pas de voies de communication avec les centres
de production ? Il ne peut passer partout. Et d'ailleurs,
le pays pourra-t-il garantir comme il le promet, l'in-
térêt de 7 0/0 du capital énorme que demande une
pareille entreprise ? Ne sera-t-il pas écrasé par cette
charge ?

En attendant, les anciens chemins Espagnols servent
toujours. Qu'ont-ils donc de si mauvais, de si difficile ?
dira-t-on. Ecoutez.

Figurez-vous les Alpes ou l'Auvergne. Augmentez-en
considérablement les proportions. Vous aurez une idée
du pays qu'il faut traverser en tous sens. Les premiers explorateurs ont suivi la direction qui leur
parût la plus commode, ou la plus convenable. Les
autres ont suivi. Les pas des mules ont fait le reste.
Vous descendez a pic ce versant d'une montagne ? En
face, il vous faudra remonter de même. Le lit dessé-
ché de ce torrent, c'est la route. Les pierres qui le
garnissent, autant de marches à sauter. Voici un
paramo (plateau). Prenez garde, vous allez tomber
dans quelque fondrière que vous cache l'herbe ver-
voyante. Malheur à vous, si quelque passant ne vient
pas d'aventure, vous tirer d'affaire. Vous pourriez
bien y rester avec votre monture. Voilà une rivière, un
torrent, où donc est le pont pour le traverser ? Il n'y en
a pas. Dans les mois de la belle saison, vous profiterez
d'un gué. Mais au temps des pluies, dix mètres d'eau

peut-être interceptent le passage. Comment faire?
C'est bien simple. Trois ou quatre cordes de cuir, des
lazzos, sont tendues à travers le torrent. Sur ces cordes,
un morceau de bois fourchu est posé. Un bout de lazzo
achève le triangle. Vous vous asseyez là dessus. Y
a-t-il quelqu'un à l'autre bord, et là où il y a un pas-
seur à poste fixe, avez-vous de quoi payer votre passage? Au moyen d'un treuil grossier, on vous hâlera
sur l'autre rive. Sinon, appelez-en à la force de vos
poignets. Mais le vertige? Amarrez-vous solidement. Si
les cordes cassent?... Cela s'est vu.

Ajoutez à cela le terrain qui glisse sous vos pas
pendant que vous côtoyez quelque affreux précipice, et
vous savez maintenant ce qu'on appelle en Colombie
un camino, voire un camino Real.

Et ne croyez pas que j'exagère. Le chemin du Cha-
paral, où l'on ne peut employer d'autre monture que
les bœufs, la mule elle-même n'étant pas assez sûre, est
bien autre chose.

Grâce à quelques améliorations apportées dans ces
dernières années, le chemin de Bogota à Honda est un
peu meilleur, guère pourtant. Il n'y a pas si longtemps,
on a vu des voyageurs rester huit jours au pied de la
montée du Salitre, et quelquefois plus, attendant que
les pluies permettent le passage; des mules s'y noyer
dans la boue. Aujourd'hui, on a pavé ce passage, on
lui a donné une pente presque régulière de 45 0/0, au
moyen d'escaliers ; et le Colombien de s'extasier sur
l'excellence du chemin ; de trouver fort étrange que
vous vous en plaignez.

Par ce que je dis des chemins, on doit comprendre ce que sont les transports.

J'ai dit que les marchandises sont déposées à la Bodegà de Honda. Aucune ne peut gagner Bogotà, qui n'est pourtant qu'à 17 lieues de là, qu'à dos de mulet et en huit jours de voyage. Or, la plus forte charge d'un mulet est de dix arrobes (250 livres espagnoles de 450 grammes), et encore divisée en deux colis égaux pour l'équilibre du chargement. Au-dessus de ce poids, et pour les pièces indivisibles, il faut recourir au dos de l'homme.

Un homme porte de huit jusqu'à douze arrobes. Au delà, deux, quatre jusqu'à douze hommes s'attellent au même fardeau. Dieu sait alors, à quel prix et avec quelle difficulté ils arrivent à porter ainsi jusqu'à trente arrobes. Au delà, il faut y renoncer. Au point que la Bodegà de Honda est encombrée de pièces de machines dont le poids considérable a fait reculer les porteurs, et qui périssent là ; paralysant les usines pour lesquelles on les fit venir.

Le prix du transport à dos de mulet, varie de cinq à dix piastres faibles, suivant les saisons et la nature du chargement. (La piastre faible vaut 4 fr., la forte 5) ; avec un délai ou plazo pour le voyage, de huit à dix jours. A dos d'homme, on traite à forfait, et pour donner une idée de ce que peut être un pareil traité, je dirai que le prix du transport d'un piano ordinaire, varie de 12 à 1,800 francs. Ajoutez-y le fret par la rivière ; soit de 4 à 5 piastre la charge de huit arrobes, le fret par mer, les frais de douanes, etc., et voyez si l'importation et l'exportation sont possibles. Et je ne parle là que du chemin le plus fréquenté, où ce service des transports est organisé, où la concurrence existe entre les arrieros ou muletiers. Dans l'intérieur c'est bien autre chose.

Seuls, les tabacs, les quinquinas, la café et le cacao peuvent, vu leur prix élevé, supporter ces charges considérables. Aussi, sauf quelques rares cuirs salés ou secs, ces produits sont-ils les seuls dont on ait jusqu'à aujourd'hui essayé l'exportation, et dans quelles proportions encore !

Il semble que sa situation même, fait à ce pays une loi de produire lui-même, pour sa consommation : au moins, les objets offrant un poids considérable sous un petit volume. Il a bien été fait dans ce sens quelques tentatives.

Il y a quelques années, une fabrique de verrerie, une de papier, vinrent se monter à Bogotà. Les matières premières ne manquaient certainement pas. Mais les produits accessoires qu'il fallait apporter d'Europe, revenaient à un tel prix, que l'on dût renoncer à l'entreprise.

D'autres ont mieux réussi, n'ayant pas cette difficulté a vaincre. Une compagnie anglaise a créé à quelques lieues de Bogotà, à *Pacho*, une fabrique de fer au bois, par la méthode Catalane. Est-ce erreur ou calcul ? Il n'a pas été fait de route charretière pour arriver à l'usine. Aussi, ne peut-il en sortir que des pièces de très-faible poids. Une grosse pièce, telle qu'une roue d'engrenage, un volant de machine, revient meilleur marché, apportée d'Europe que de Pacho qui est à huit lieues de Bogotà, à deux lieues de la Savane et de sa belle route. Le fer produit, quoique de mauvaise qualité ; siliceux, mal fabriqué, se vend à raison de 50 centimes la livre. La fonte, à raison de 25 centimes. Encore pour une pièce moulée, faut-il que le modèle soit fourni à l'usine, qui ne se charge pas de le faire exécuter. L'usine ne fonctionnant pas régulièrement, ayant de nombreux chômages volontaires, sa production n'a rien de fixe. Elle ne fabrique que de petits fers carrés ou plats.

A une vingtiane de lieues de Bogotà, à *Moniquirà*, se trouve une mine de cuivre fort importante, qui donne lieu à une faible exploitation. Le cuivre traité est vendu à l'état de matte cuivreuse, non raffiné ; à raison de quatre réaux ou deux francs la livre. A la fonte, il donne 25 0/0 au moins de déchet. On le vend en pièces coulées ; étriers ou cloches, jusqu'à dix et douze réaux la livre, toujours espagnole. Sous l'impulsion d'un nouveau propriétaire, cette mine doit, parait-il, donner lieu à une exploitation plus sérieuse.

Je ne m'appesantirai pas sur le traitement des minerais d'argent à *Santa Anna* et *Mariquità* près de Honda. Les procédés d'amalgamation, décrits dans tous les traités, sont appliqués ici sans rien de particulier. *Santa Anna* et *Mariquità*, appartiennent aujourd'hui à une compagnie anglaise.

Au temps de l'occupation espagnole, les monnaies du pays, consistaient en des lingots bruts, frappés d'un coin au marteau. Depuis, elles reçurent cette empreinte en Europe, ou dans les casas de monedas, du pays, S'apercevant de la richesse aurifère de cette monnaie, qui n'ayant pas été raffinée, donnait à l'analyse une forte proportion d'or ; des spéculateurs la rachetèrent pour la refondre et la raffiner. De là pénurie d'argent. Aujourd'hui, la compagnie envoie à l'affinage en Europe, surtout en Angleterre, tout le métal qu'elle produit.

Une partie seulement rentre dans le pays ; quantité insuffisante ; ce qui fait que l'argent frappé en piastres fortes, et nos monnaies de France ou des Etats-Unis, du même module, font prime sur le marché. Cette plus value, qu'il faut bien attribuer un peu aussi, à l'irrégularité de titre des monnaies d'or, est variable entre 3 et 5 0[0. L'or des Etat-Unis et l'or anglais, ne subissent pas cette dépréciation.

L'or colombien, provient de lavages dans les terrains de transport de l'Etat d'Antioquia, surtout.

Je signalerai aussi l'exploitation des émeraudes de *Muzo*. L'exploitation en grand de ces émeraudes fût entreprise par un colombien, nommé Paris ; qui, après de long et pénibles sacrifices, vit ses efforts récompensés en un seul jour, à la veille de sa ruine complète. Déjà les indiens, avant la conquête, avaient exploité ces gisements. On retrouve dans leurs nombreux tombeaux, des émeraudes taillées et percées fort régulièrement par des procédés perdus depuis, et mélées à des bijoux en or fondu ; qui témoignent chez eux, d'une industrie relativement avancée.

Après M. Paris, la concession fût donnée à une compagnie française dont le contrat expire cette année-ci (1875), et ne sera probablement pas renouvelé. Une des clauses de la concession porte, en effet que la seule compagnie concessionnaire peut vendre et exploiter les émeraudes. Plusieurs autres dépôts connus, restent inexploités par suite de ce monopole.

La méthode d'exploitation consiste en un simple déblai à la recherche des filons de quartz, tantôt stériles tantôt renfermant des cavités accidentelles ou poches dans lesquelles sont les émeraudes. Celle-ci sont souvent groupées avec des cristaux de quartz (c'est le cas à Muzo) de feldspath, de mica et de sulfure de fer. La roche est un schiste argileux. On emploie pour le déblai, la force d'érosion de l'eau. Les déblais déjà obtenus, font aujourd'hui le plus grand obstacle à la continuation des recherches.

Les émeraudes de Muzo, communément désignées sous le nom d'émeraudes de Bogotà, sont les plus belles connues. Presque toutes sont vendues à Paris.

Il existe, à Bogotà, une fabrique de draps, fabriquant peu et seulement pour les *peones* ou campagnards; et une fabrique de liqueurs, dont les produits ne sont achetés que par des tiendas de second ordre. Elle sont renfermées dans les bouteilles vides ayant contenu des vins ou des liqueurs d'importation, et que l'on achète à raison de 50 centimes la pièce.

En présence de ce prix élevé les propriétaires, pensent à créer à Bogotà une verrerie. Grâces à la fabrique d'acide sulfurique que j'ai créée, cette usine n'aura pas à se heurter aux mêmes obstacles que sa devancière.

Les principales productions agricoles, sont, pour la

terre chaude; le café , le cacao, le tabac abondant surtout dans l'état d'Ambalema. Le blé y est généralement apporté des Etats-Unis à l'état de farine.

La terre froide produit du blé, du maïs, suffisants à
sa consommation, et une quantité assez considérable
de quinquina.

L'exploitation de la canne à sucre, donne lieu en
terre chaude à la production d'une quantité de sucre,
restreinte par les difficultés du transport. Le sucre est
vendu et employé non raffiné.

La plus grande partie du *cesou*, sert à la fabrication de la boisson usitée dans le pays. Cette boisson
varie suivant la région.

En terre chaude, où elle prend le nom de *guarapo*
c'est du vesou mis en fermentation dans l'eau ; quelquefois avec du jus d'ananas.

En terre froide, elle s'appelle *chicha*. Elle s'obtient alors au moyen du vesou mis en fermentation avec
de l'eau et du maïs pilé.

Dans les deux cas, le produit se boit en pleine fermentation. On ne saurait se faire une idée de l'odeur
repoussante de cette boisson, et des funestes effets
que produit son abus chez les gens du peuple. Elle est
fort enivrante et amène à la longue l'idiotisme.

Je parlerai pour mémoire, de la fabrication des tuiles
et briques, qui complètera cette énumération des productions du pays.

Est ce donc là que devrait se borner l'ambition du
Neo Grenadin? Les éléments manqueraient-ils à une
exploitation active, et au lieu de ce rang infime dans

l'échelle industrielle, ce pays ne pourrait-il prétendre à un des plus élevés? Qu'on en juge.

L'or abonde sur une foule de points du territoire, où il est exploité surtout dans l'état d'Antioquia. Déjà, sous la domination espagnole, on frappait pour plus de 2,000,000 de piastres de monnaies d'or à Santa-Fé et à Popayan; on exportait pour plus de 400,000 piastres en lingots ou orfévrerie. Et bien! la plus grande parties des placers reste inexploitée faute de bras. Et puis, il semble que la nature ait posé exprès ces placers dans des pays presque inaccessibles. Les forêts vierges, les animaux féroces, les marais pestilentiels, opposent à l'avidité de l'homme une barrière redoutable. C'est surtout dans la province de Cauca, sur la côte du *Choco*, où sont les plus riches dépôts d'or, que ces obstacles se rencontrent plus ardus. Marmontel a peint cette côte, avec des couleurs qui sont restées aussi vraies, aussi justes aujourd'hui, qu'au jour de la conquête. « Un ciel chargé d'épais nuages, dit-il, où mugissent les vents, où les tonnerres grondent, où tombent presque sans relâche des pluies orageuses, des grêles meurtrières parmi les foudres et les éclairs, des montagnes couvertes de forêts ténébreuses, dont les débris cachent la terre et dont les branches entrelacées ne forment qu'un épais tissu impénétrable à la clarté du jour; des vallons fangeux où sans cesse roulent d'impétueux torrents; des bords hérissés de rochers, où se brisent en gémissant les flots émus par les tempêtes, le bruit des vents dans les forêts, semblable aux hurlements des loups et au glapissement des tigres, d'énormes couleuvres qui rampent sous l'herbe humide des marais, et qui de leurs vastes replis embrassent la tige des arbres; une multitude d'insectes, qu'engendre un air croupissant, et dont l'avidité ne cherche qu'une proie. » Tel est aujourd'hui encore ce pays. Si l'on parvenait à l'assainir, on ne peut se figurer quelles richesses il produirait.

Les environs de Muzo, offrent aussi des placers, ainsi que le bas Magdalena.

En face la côte du Choco, se trouvent les îles aux Perles, ainsi nommées des pêcheries productives qui y sont établies.

Le platine a été rencontré dans le Choco, à Barbacoas, et dans la vallée du Cauca.

La Nouvelle Grenade renferme de nombreux minerais d'argent. J'ai parlé des Mariquita et Santa-Anna. J'en connais plusieurs autres gisement, un entr'autres, de galène très-argentifère près *Ubaté*. Ici, la gangue du minerai est une blende magnifique. On voit d'ici l'importance que pourrait acquérir cette triple exploitation, bien conduite.

J'ai reconnu l'existence de l'étain, dans les propriétés de M. Castro à *Gatchalà,* qui renferment aussi d'importants gisements de plomb.

J'ai exploité pour la production de l'acide sulfurique une mine de soufre natif près de Gatchalà. La richesse de ce dépôt est incroyable. On en a extrait des cristaux de quinze arrobes, de soufre pur, qu'on jurerait être plutôt de l'ambre. Le procédé employé pour l'extraction est ici encore l'action corrosive de l'eau.

Les volcans détruits du paramo del Ruiz, fournissent aussi une certaine quantité de soufre.

Le cuivre abonde dans la cordillière. On l'y trouve, ainsi que le fer, à chaque pas et sous tous les états ; presque toujours à proximité de mines de charbon.

J'ai reconnu la présence du charbon, en couches puissantes, dans toute la ramification des Cordillières qui court dans la direction de Bogota à Santa-Marta. Ce charbon, d'excellente qualité, n'est pourtant pas exploité ; si ce n'est quelque peu à Bogota pour l'usage des forgerons et d'une fabrique de tuiles ; et à Zipaquira, par M. Fr. Santamaria, pour la compactation du sel gemme.

Le dépôt de sel gemme de Zipaquira est exploité par le gouvernement lui-même. Son importance est considérable.

Le sel est extrait d'une galerie droite, qui atteint aujourd'hui une longueur d'environ neuf cent mètres sur 10 à 12 de largeur. La galerie est taillée à même le sel, sans soutiens d'aucune sorte. Le sel extrait est vendu partie à l'état de sel gris, souillé par des oxydes et de l'argile ; la majeure partie est raffinée. A cet effet, le minerai est fondu dans de vastes cuves, et la dissolution sursaturée, introduite dans de grands pots de terre est rapidement évaporée à siccité. On obtient ainsi le sel compacte, en brisant les pots après l'évaporation. La nécessité de cette compactation se comprend, quand on songe que ce sel doit être transporté à dos de mulet à de grandes distances, et qu'il résiste mieux ainsi à l'action dissolvante de l'eau tant des pluies, que des torrents qu'il doit traverser. Le sel de luxe, provient du sel naturellement cristallisé dans des cavités accidentelles formant de place en place des poches ou *colomas* Le sel se vend raffiné 4 ou 5 réaux l'arrobe, brut 2 ou 3 réaux seulement. Le revenu des mines de sel est la plus précieuse ressource du budget.

Enfin, on m'a signalé prés de Guaduas, divers gisements de pétrole.

Les matériaux de construction sont fort abondants. La pierre de taille employée pour la construction du Capitole, est d'un grain très-fin, facile à travailler. Elle acquiert à la longue une teinte dorée du plus agréable effet. Elle se vend à raison de dix piastres fortes le mètre cube.

Le sol argileux sur lequel est bâtie Bogotà, est exploité par de nombreuses tuileries et poteries. Les briques sont fabriquées à la main, et cuites au bois, sauf dans une seule fabrique. Les produits sont de bonne qualité. On les vend à raison de : les tuiles 120 fr. le mille, les briques environ 60 fr.

Les forêts qui couvraient autrefois le plateau de Bogotà, ayant été complètement dévastées, les bois de construction sont assez chers, étant apportés de loin. Les pièces se vendent à raison de leurs dimensions et des difficultés du transport. On traite généralement à forfait.

Je dirai quelques mots des fabriques de poterie grossière du pays, Mompos a surtout la réputation pour les grosses pièces. On fabrique à Bogotà une faïence blanche, dont la matière première est le kaolin, fort abondant dans les environs. Mal travaillée et mal vernie surtout, cette faïence rappelle la plus commune de celle à dessins primitifs dont se servaient nos pères, et que recherchent les antiquaires.

La force motrice enfin, ne manquerait pas pour la création d'usines. A chaque pas, on rencontre des chutes puissantes et de rapides cours d'eau.

Par cette nomenclature bien incomplète, on voit que l'industrie métallurgique surtout pourrait trouver ici un champ bien riche à exploiter.

Est-ce donc un avenir bien lointain, que celui qui fera de l'Amérique du Sud, une rivale en richesse et en puissance industrielles de son aînée? Non. Il ne faut pour cela qu'une chose. Que le courant d'émigration qui aujourd'hui se porte aveuglément vers l'Amérique du Nord, soit favorisé par les Gouvernements du Sud, et attiré dans les anciennes colonies espagnoles, pour leur donner les bras qui manquent. Je parle d'une protection efficace, et non des fallacieuses et trompeuses promesses des agences d'émigration. Accomplissant alors les réformes et les améliorations nécessaires; la Nouvelle Grenade, aussi bien que ses voisins le Venezuela et l'Equateur, auxquels s'applique tout ce que je viens de dire; parcourront librement la vaste carrière que leur ouvre la richesse de leur sol.

III

LES BOIS DE COLOMBIE AU POINT DE VUE DE LEUR UTILISATION

Il est pour les Etats qui formaient l'ancienne Colombie une autre source de richesses que je me propose d'étudier ici avec quelques détails.

La plus grande partie du territoire de ces Républiques est couverte de forêts, vierges pour la plupart et si l'on considère que ces forêts sont traversées par d'immenses cours d'eau, navigables ou tout au moins flottables; tels que le Magdalena, les Amazones, le Cauca, etc.; on se demande pourquoi l'industrie n'a pas songé à les utiliser encore et a préféré en aller chercher jusqu'au Brésil, dont l'éloignement est plus considérable.

La chose paraît plus étonnante encore, si l'on s'arrête aux propriétés vraiment merveilleuses de quelques unes de ces essences; qualités, qui marquent leur place au premier rang parmi les bois industriels. J'ai moi-même expérimenté quelques uns de ces bois. Je dois à l'obligeance du savant général Fuenmayor, de

Curaçao ; les renseignements qui me manquaient. Je puis donc garantir l'authenticité de tout ce qui va suivre.

Je ne donnerai pas le nom botanique de toutes les plantes dont je vais parler ; avouant ne pas être suffisamment versé dans cette science. Je me contenterai d'indiquer le nom indigène. Ce n'est pas, du reste une raison pour qu'on les retrouve moins facilement, si le besoin s'en faisait sentir.

J'ai dit la majesté des forêts de l'Amérique du Sud que rien ne saurait dépeindre ; qui fait incliner le voyageur plein d'admiration pour une si puissante nature. Aux qualités de port et de grosseur qui font de quelques uns de ces colosses végétaux qui les peuplent, de véritables merveilles ; s'en joignent d'autres précieuses ; pour la plupart inconnues chez nous. Ce sont celles-là que je veux décrire.

Je ne ferai que rappeler les quinquinas, dont au reste, la dévastation folle que l'on en fait, aura bien vite vu la fin ; l'aloës, dont la fibre textile peut être employée à mille usages ; le caféier, le cacaotier, le tabac, le caoutchouc, si abondants. Leurs propriétés sont assez connues. J'en citerai d'autres non moins remarquables, tels :

Le *Vera* appelé aussi arbre de la vie (*Zigophylum arboreum*). qui s'élance à plus de quarante mètres de hauteur, sain, robuste, élégant. Il peut être avantageusement employé dans les constructions civiles et navales, et aussi par l'ébénisterie ; son bois étant très-fin et à veines capricieuses. Sa solidité et son élasticité sont extraordinaires. Ce qui en fait le prix, c'est que dans

l'eau, et les terrains humides, sa durée est éternelle.
A l'intempérie, il acquiert la dureté de la pierre. Il ne
peut être divisé qu'en pièces longitudinales et ne se
fend jamais. Fraîchement coupé, il se travaille avec
facilité. En séchant, il devient difficile, et résiste à
l'outil le mieux trempé.

L'*ébène*, qui déploie son dôme de feuillage à vingt-
cinq mètres du sol est aussi élégant de forme. Il renferme sous une double enveloppe d'écorce verte et
d'aubier blanc, le bois si connu, noir mat, ou violacé
ou tacheté de diverses couleurs. Sa finesse et sa solidité
sont extraordinaires. Sa durée dans l'eau et à l'intempérie est égale. Avec l'âge sa couleur embellit.

Le *flor amarilla* et le *curarire* sont analogues. Tous
deux s'élèvent à plus de vingt mètres de hauteur. Le
bois est peu élastique mais d'une résistance étonnante.
Comme il se divise facilement dans le sens des fibres,
on peut extraire du tronc, des pièces de telle longueur
que l'on veut. Sa durée à l'intempérie et dans l'eau est
incalculable.

Ce bois très-fin, de couleur violacée, quelquefois
agrémenté de diverses couleurs en rubans concen-
triques; ferait un beau bois d'ébénisterie. Il offre
cette particularité remarquable que grâce à une sève
huileuse, il préserve de l'oxydation les pièces de fer
qu'on y introduit.

L'*Estoraque*. Celui-ci se fend avec facilité. Il est
plus élastique que le curarire, aussi durable que lui.
Sa couleur violacé clair, mal définie est agréable, son
bois assez fin. Il est aromatique. Son écorce et sa

graine sont employées comme spécifiques contre le rhumatisme.

Le *Gateado*. Aussi élancé que les précédents, aussi lourd que l'ébène, le lui disputant en finesse. Peu élastique, d'une durée incalculable. Sa couleur est rouge et très-variée. Sa tranche offre des nuances et des dessins capricieux, on lui attribue aussi quelques propriétés médicinales.

La *Balaustre*. Très-élevé aussi, et fort abondant. Sa couleur est d'un vif incarnat, offrant des veines de diverses nuances en forme de bandes qui vont s'assombrissant. A la longue, il finit par se confondre presque avec l'acajou. Il lui est pourtant préférable comme plus solide et plus fin. Il se fend très-facilement dans le sens longitudinal. Par un simple coup de hache et sans le secours de la scie, le tronc peut se diviser à volonté. Son poids est analogue à celui de l'acajou brun. Il peut se travailler facilement.

Le *Daguaro*. Son tronc atteint une quinzaine de mètres de hauteur. Sa forme étant très-variable, on peut en extraire des pièces droites ou courbes d'une grande longueur. Sa durée est aussi éprouvée dans l'eau qu'à l'intempérie. Son poids et sa résistance sont égaux à ceux du *balaustre*. Sa couleur est moins vive. Il est susceptible d'un fort beau poli. Ses veines sont fort belles.

Le *Carativà ou marfil*. Donne un tronc fort élevé, droit et très régulier. Aucun autre bois ne peut rivaliser avec lui pour la finesse. Sa couleur varie du

jaune foncé au jaune paille, suivant l'àge de l'arbre.
Ce serait un bois de lutherie inestimable.

Le *Membrillo* de la même famille est plus élastique
sa couleur jaune clair est uniforme. Son bois est aussi
très fin et très solide.

Le *Guaimaro ou charo*. Le dispute au vera en élé-
vation et l'emporte en grosseur. On remarque sur la
tranche qui peut atteindre jusqu'à deux mètres de
diamètre, un cylindre central de 25 centimètres de
diamètre quelquefois, d'un rouge veiné de précieuses
couleurs, qui rivalisent de beauté avec le plus beau
palissandre. Ce cylindre est lui même entouré d'une
enveloppe jaune paille, embellie de nuances plus
sombres. Les dimensions de ce bois, sa solidité, la
richesse de sa couleur, le rendent applicable à toute
espèce de travaux. Son fruit est nutritif et agréable
au goût.

Le *Carreto*. Offre les mêmes proportions que le
charo. Sa couleur chocolat clair est fort agréable. Il
est solide, analogue à l'acajou, mais moins fin.

Le *Balsamo*. Un des bois les plus résistants que je
connaisse. Il est très fin, de couleur rouge.

Le *Maria*. Semblable au balsamo. Rouge plus ou
moins foncé, susceptible comme tous les précédents
d'un beau poli.

Le *Quiebrahacha* (brise 'hâche). Ce bois est plus
résistant encore que tous les précédents. Son tronc
est droit et parfaitement régulier. La dureté de ce
bois est incroyable. Avec le seul secours de la hâche,
il se divise facilement dans le sens longitudinal. Dans

le sens transversal, il est difficile à entailler et émousse le fil du plus dur accès. C'est un bois des plus fins, sa couleur est d'un violet agréable.

Le *Canada.* Est un arbre puissant. Ses dimensions le rendraient utile dans les constructions civiles et navales. Le bois est jaune, à veines capricieuses, d'une rare solidité.

Le *Canalite.* Aussi élevé que le vera. Sa grosseur n'est pas en proportions avec sa hauteur, son diamètre ne dépassant guère 50 centimètres. Son bois est d'une magnifique couleur violette, agrémentée de veines qui forment parfois des arborescences, d'autres fois des bandes plus ou moins foncées. Il le dispute certainement aux plus fins bois de rose ou de palissandre. Sa finesse, ses magnifiques couleurs, toutes ses propriétés enfin, lui assurent la première place parmi les bois d'ébénisterie. Fraîchement coupé, il est facile à travailler. En vieillissant, sa dureté augmente jusqu'à égaler celle des quibrahaches.

Le *Cedro* ou acajou. Se rencontre en grande quantité et avec des proportions colossales. Les arbres de 20 à 25 mètres de hauteur ne sont pas rares avec un diamètre de deux mètres et plus.

L'acajou Colombien, passe assez généralement pour être de qualité inférieure. On le croit, parceque jusqu'à ce jour, les exploitants ont eu le tort de s'attacher à choisir les arbres les plus réguliers, qui se divisent facilement en grandes billes. Le plus grand mérite de ce bois résulte des veines capricieuses qu'offre sa tranche, et c'est aux croisements de fibres résultant des nœuds, ou d'une bifurcation des branches, que cette qualité se montre plus développée. C'est justement cette partie des arbres que les bûcherons laissent se perdre comme inutile, parce que le travail en est trop pénible. S'ils rencontrent un arbre tourmenté, irrégulier, ils le dédaignent, alors que c'est de là que se tireraient de belles pièces ; ils ignorent que le bois le plus irrégulier est justement le meilleur pour l'ébénisterie ; et que les vices accidentels, qui chez l'homme sont des défauts : fractures, cicatrices, etc, produisent justement chez les végétaux, ces formes variées, ces veines capricieuses, qui flattent la vue et augmentent le prix du bois.

Il est bien certain que, exploité avec plus d'intelligence, moins d'indolence et plus de soin, l'acajou Colombien rivaliserait avantageusement avec celui de Saint-Domingue.

Le *Cèdre*. Est aussi très abondant, plus puissant que l'acajou, ses propriétés varient avec le terrain où il se développe, on le rencontre rouge et veiné comme l'acajou et fort dur. Il serait bon alors pour l'ébénisterie, ou bien dur mais à fibres plus lâches, applicable aux constructions navales, ou enfin plus tendre, à la ménuiserie.

Le *Guayacan* est un bois des plus solides et d'une couleur rouge. Il ne fend pas. La faible hauteur qu'atteint son tronc, ne le rend guère applicable qu'à des pièces tournées.

Le *Mucurutur* et le *Cotoprin*. Donnent un tronc régulier et bien formé qui peut atteindre jusqu'à un

mètre de diamètre. Ses fibres s'enroulant en hélice,
rendent ce bois impossible à fendre et résistant à la
scie. Il serait sans rival pour la charronnerie, surtout
pour la confection des moyeux de roue. On pourrait se
dispenser de fretter de tels moyeux, et y enfoncer à
force les rais de la roue. La couleur de ce bois est le
jaune clair.

Le *Pauji* et le *Mecoque*. Aussi élevés que le cura-
rivo, parfaitement réguliers, à bois très fins, solide et
fort, très élastique et susceptible d'un beau poli. Sa
couleur est fort belle. La propriété qu'il possède de se
briser très-difficilement, en ferait un bois précieux de
carrosserie et de charronnerie, pour la confection des
timons et brancards. Le fruit du pauji est d'un bel
écarlate, fortement acidulé et parfumé.

L'alcornoque tient à la fois de l'ormeau américain et
du chêne liège d'Espagne (quercus duber). Il élève sa
cime gracieuse au dessus de tons les autres, et abrite
les bestiaux sous son ombre même pendant les grandes
sécheresses.

Le pino est un bois blanc, semblable à notre sapin.
C'est un excellent bois de menuiserie on l'emploie
baaucoup pour la fabrication des meubles.

Je pourrais prolonger bien loin encore cette nomenclature, et dire les propriétés différentes de mille
autres epèces telles le *Mapurile* le *Laurel* (laurier) le
Mammon-Chuco, l'*Olivo macho*. l'*aceituno* ou olivier
l'*Anda-aniba*, l'*albarico*, l'*amargo*, le Zapatèva et
tant d'autres qui pourraient être utulisés, mais ils
n'ont rien de remarquable.

Tous les bois dont je viens de parler sont ou négligés, ou employés seulement aux constructions civiles.

J'ai dit que les pirogues sont creusées dans des troncs d'arbre et d'une seule pièce. Les arbres qui fournissent ces embarcations de dimensions quelquefois considérables, sont: Le *Roble* (espèce de chêne), le *Iabillo,* le *Caracoli,* le *Lava ou Saman,* le *Cenicero, Algarrobo* etc, tous bois plus ou moins légers et ordinaires.

Au lieu des poteries employées communément dans nos cuisines, telles que bains de pied, cuvettes, etc., on emploie en colombie l'*arteza.* L'arteza est une sorte d'auge peu profonde, creusée dans un morceau du tronc de l'arbre appelé *Ceiba colorada,* qui se fend facilement dans le sens des fibres. Cet arbre atteint des proportions gigantesques. Le plus communément son diamètre est de deux mètres. Il jouit de la propriété de se pouvoir travailler facilement et dans tous les sens, et se laisse fouiller par l'outil le moins trempé. Il serait bien supérieur à notre buis pour la gravure sur bois. Une autre propriété singulière est celle de ne jamais sécher. Dans les démolitions d'édifices déjà fort anciens, on a retrouvé des pièces de Ceiba aussi lourdes, aussi vertes que si elles eussent été coupées de la veille. Sa pesanteur spécifique est plus considérable que l'eau. Ce n'est que par des immersions répétées, dans l'intervalle desquelles on place la pièce dans une position verticale, que l'on parvient à la débarrasser d'une partie de sa sève. Il s'allége alors et surnage.

Le *Cuge* serait de tous les arbres connus, le plus utile dans les constructions navales. Il n'est pas de courbe, plus capricieuse, qu'elle soit d'angle pour aigu ou obtus qu'on le nécessite, que le tronc tourmenté du Cuge ne puisse donner naturellement, et d'un bois résistant. Le fruit du Cuge est employé comme succédané du maïs pour l'engraissement des bestiaux. Les feuilles de l'écorce sont réputées médicinales.

Une autre classe de plantes pourrait être utilisée pour le bois et aussi pour des teintures ou des résines particulières.

Tel le *moral*. Cet arbre que l'on rencontre toujours en groupes, jamais seul, donne un bois d'un beau jaune, fin et solide. Il ressemble au mûrier d'Europe. On en expédie quelque peu pour la teinture.

Le *Bosugo* est un arbre de faible taille, à bois fin. L'écorce donne une teinture jaune foncé des plus belles.

Le *Tacamahata (elaphrium tomentorrum)*, donne une résine opaque semblable à de la cire, et souveraine pour la guérison des blessures. Mêlée à celle du *Carana* ou *Algarroba*, elle fournit des torches qui brûlent avec un vif éclat et une odeur délicieuse. L'écorce enlevée avec soin, est coupée de dimension, on réunit ces morceaux par des sarments ou bejucos, les interstices sont remplis avec de l'argile, et voilà constituée la pirogue de l'indien. La résine s'obtient par une incision au tronc.

Le *Cuchara* donne écorce et bois, une magnifique teinture rose Poli, il conserve son admirable couleur, ce qui permettrait malgré ses faibles dimensions, de l'utiliser pour la tabletterie.

Le *bois du Brésil* (cesalpinia bragiletto), est fort commun.

Je citerai aussi le **Drago** (draconnier), d'où on extrait la couleur appelé Sang Dragon, le Caricare, le Cabinia et surtout le *Copaïba* ou Copahu, qui outre sa précieuse résine, pourrait être utilisé en planches pour la menuiserie et les constructions. Son tronc peut fournir aussi des courbes de toutes formes et de toutes grandeurs.

Parmi les arbres de faible grosseur, je citerai les variétés de maugles ; le *Mulate*, l'*Amarillo*, le *Salado*, le *Penda*, le *Saba*, le *Botonsillo* et le *colorado*. Tous fournissent d'excellents combustibles. Leur puissance de végétation est si considérable, qu'un arbre nouveau vient aussitôt remplacer celui qu'on a coupé.

De plusieurs, du Mulato et du Botonsillo surtout, on peut extraire des courbes, qui seraient utiles pour la construction des embarcations.

L'écorce du fruit du Calebassier, fournit aux indigènes, des vases ou *tutumas* qu'ils ornent des plus riches couleurs, une surtout pourpre qui résiste aux acides et dont ils ont seuls le secret.

Parmi les plantes, je citerai l'uvilla (cestrum tinctorium). Un ordre du gouvernement espagnol, enjoignait aux vice-rois de n'employer comme encre pour les pièces officielles que le bleu d'uvilla, qui est complètement indélébile.

Parmi les autres plantes utiles se distinguent surtout :

L'arracacha arbuste qui donne un rhyzôme nutritif, qui remplace avantageusement la pomme de terre, dans les terres chaudes où elle ne croît pas. L'introduction de cet arbuste et de son analogue la *Yuca*, serait un véritable bienfait pour l'Algérie par exemple. La yuca vient de préférence en tierro templada.

Le chou palmiste est assez connu pour que je n'ai pas à en parler.

La Colombie offre aussi mille fruits délicieux. Presque tous renferment sous leur coque, une pulpe savoureuse, semblable à une crème des plus fines.

J'ai parlé de la chirimoya, je citerai aussi la *curuvà* (fruit du passiflores ou fleur de passion), le mango, la banane de guyane, la *cura* ou *advocate* dont la pulpe est un beurre excellent, le guamo (Juga lucida) gousse de huit à dix pouces de long, remplie de fèves noires entourées d'une pulpe sucrée et de saveur agréable, tous laissent bien loin derrière eux l'ananas comme saveur et comme finesse.

Enfin, comme plantes médicinales, je citerai le guaco (Mikania guaco). Le guaco, outre qu'il est regardé comme un spécifique puissant contre la goutte et les rhumatismes, rend, dit-on, insensible aux morsures des serpents et des insectes les plus venimeux.

Le *raiz de mato* (aristolochia bulbusa) passe aussi pour jouir de cette propriété.

J'ai aussi entendu citer comme un spécifique mille fois plus énergique que le quinquina, une herbe du nom de *Yuya* et fort connue des indiens sauvages, mais je n'ai pu me la procurer.

Je n'en finirais pas à citer tous les végétaux utiles ou à utiliser de ces contrées. Je préfère me borner à ceux sur lesquels j'ai des reinseignements certains.

Je crois avoir justifié par ce court aperçu des innombrables richesses que renferment ces beaux pays trop peu connus, de l'Amérique du Sud, l'opinion que j'ai émise sur la situation industrielle que leur réserve l'avenir.

Il serait à souhaiter, qu'une mission scientifique, explorât le Venezuela et la Colombie, signalât les gisements métallifères, les richesses minières, les plantes utiles qu'ils renferment; étudiât des voies de communication avec plus de loisir et mieux que je n'ai pu le faire, retenu que j'étais à mon poste. Ce travail serait utile, autant pour ces pays qui s'ignorent eux-mêmes, que pour notre industrie, qui verrait s'ouvrir un nouveau et fertile champ d'exploitation. Pour être obtenus au prix de fatigues et de périls moindres que ceux donnés par les explorations au pôle Nord et dans l'Afrique centrale, qui ont devoré tant de savants et courageux voyageurs; les résultats n'en seraient pas moins grands et profitables.

FIN.